COMMANDEMENTS, LITANIES
ET AUTRES IMPRÉCATIONS

De la même auteure

Femme fragmentée, Éditions du Noroît, 1982

L'envers de la marche, Éditions du Noroît, 1982,
   tirage limité avec des dessins au pastel de l'auteure

L'ombre des cibles, Éditions du Noroît, 1984, coll.
   « L'instant d'après », n°14

Au cœur de l'instant, Éditions du Noroît, 1986

Secrète adhésion, Éditions du Noroît, 1987, livre
   d'artiste avec des dessins média-mixtes de l'auteure

D'Elle en elles, Éditions du Noroît, 1989

Une Tête, Éditions du Noroît, 1989, livre d'artiste avec des
   linos de l'auteure sur papiers divers

Voir, L'Arbre à paroles, Belgique, 1991

Les intrusions de l'œil, Éditions du Noroît, 1993

Marie-Marguerite, Éditions Bonfort, 1997, livre d'artiste
   avec quatre photos traitées à l'infographie

Jours d'été, Éditions de la pleine Lune, 1998, contes et récits

Saisons/Seizonen, Éditions Bonfort, 1999, livre d'artiste
   avec quatre photos traitées à l'infographie

Île est un mot magique, Éditions du Silence, 2000, livre à
   tirage limité, ill. de Jacqueline Thillaudière

Chanterelles, Lanctôt éditeur, coll. J'aime la poésie, 2000

La Salade, Éditions Bonfort, 2002, livre d'artiste à tirage
   limité accompagné de trois dessins de l'auteure

CÉLYNE FORTIN

COMMANDEMENTS, *litanies*
et autres imprécations

Catalogage avant publication de la Bibliothèque nationale du Canada

Fortin, Célyne, 1943-
Commandements, litanies et autres imprécations
    Poèmes
    ISBN 2-922265-22-6
    I. Titre

PS8561 O74C65 2003   C841'.54   C2003-940322-7
PS9561 O74C65 2003
PQ3919.2.F67 2003

Conception graphique : Célyne Fortin

Distribution pour le Canada :   LES HEURES BLEUES
Diffusion Dimedia   Case postale 219,
539, boul. Lebeau   Succ. De Lorimier
Montréal (Québec)   Montréal (Québec)
Saint-Laurent (Québec) H4N 1S2   H2H 2N6

Dépôt légal 1er trimestre 2003
Bibliothèque nationale du Québec
Bibliothèque nationale du Canada

Les Heures bleues reçoivent pour leur programme de publication
l'aide du Conseil des Arts du Canada et de la Société de dévelop-
pement des entreprises culturelles du Québec.

L'écriture n'est-elle pas l'un des seuls lieux,
qui sait peut-être le seul lieu qu'il nous reste
où il soit encore possible d'être radical,
intransigeant même, sans pour autant nous
empêtrer dans la problématique du pouvoir,
non plus que céder aux pièges de l'intolérance ?

NORMAND DE BELLEFEUILLE,
Lancers légers, Éditions du Noroît.

I

**Entends le boucan qui monte des tombes
et crie à la ronde ta détresse parfaitement**

Les guerres dont les mères ont horreur.

Horace, *Odes*

Reine noire

Stèle moralisatrice

Boîte vocale périmée

Asile d'Elbe

Bobine roucoulante

Grande corneille

Roulure d'orgue

Nèpe râleuse

Obsidienne fleurie

Sainte de Calcutta

Abîme imperméable

Rubis du Prince noir

Mer de Constance

otages sont abattus

royale est ébranlée

alcutta perd sa sainte

ch pilotera les Expos

Une étrange allian

C'EST ARRIVÉ UN 5 SEPTEMBRE

Le maintien couvert de drap ou de satin

Elle bâtit au cœur de ses entrailles

la société protectrice des guerriers.

De la chair aigre, des rumeurs gémissent.

Une montée de bile éclate à l'ouverture des tombeaux.

La semelle comme une gale aux pieds,

Il va, le fusil pendu au cou,

elle avance, l'exaltation tranchée sous la jupe.

Elle grène la terre pour la prochaine récolte,
plante de minuscules arbustes en bordure
de son carré de sable afin d'éloigner le désert ;
le fagot sur la tête,
l'anneau encerclant la narine
ou le bracelet au pied,
pauvre enfant née dans le tumulte,
la fureur, la terreur,
elle relève à peine le pied tant lui pèsent
la violence, le deuil, le joug patriarcal...
Pendant ce temps, on fige l'horreur dans des musées
sous les pleurs et l'immobilisme des duègnes,
une mèche de cheveux de la défunte sur leur cœur.

Dom Père, le tanin sur la dent,
règle la mise en quadrille,
astreint les fillettes aux briques,
appointe d'un généreux coup de pied
au derrière le malheureux censitaire.
Pendant qu'à la maison, *bonnefemme*
craint l'égorgement de sa progéniture,
peine le câble aux reins,
l'anneau au cœur,
ou bien attend la bénédiction
de l'homme du Vatican.

La cagoule ne réussit pas toujours à taire
l'identité de l'assassin* des dormeurs.
Elle y reconnaît son frère,
tueur d'enfants, génie malfaisant.
Comment ne pas être submergés
par la désespérance des mères.
Parées de leur tablier,
elles dépècent le maigre animal,
ajustent le sel, chauffent la soupe,
grommellent leur argot ;
élèvent leurs petiots au rang de soldat,
s'ennuient de leur absence,
pleurent sur l'atrocité de leur mort.
Enveloppées de voile ou de foulard,
accablées, sous la sueur de leur pulpe,
elles rêvent de poitrine nue sous la chemise,
prêtes à allaiter les enfants de la paix.
Elles n'aspirent qu'à cueillir la quiétude
sur le thorax de l'homme aimé.

Elles empilent leurs désirs
comme des châteaux en Espagne.

D'autres, l'alène à la main comme arme défensive,
viennent pleurer en chœur au micro
des médias internationaux
pour donner l'ampleur du désastre
des marteaux militaires russes, serbes ou autres,
avant de finir violées ou exécutées en ligne
sous les coups de sombres nervis,
à l'aube rougissante de leurs dernières douleurs.
Même sur les parvis des temples
il n'y a personne pour les écouter
ni pour les sortir des griffes
qui leur déchirent l'abdomen,
chanceuses si leurs proches trouvent
quelques dosses à servir pour leur ultime demeure
où elles retrouveront Jésus, Allah, Yahvé
dans leur septième ciel.

2

Contourne le cobra et les dogmes du Sinaï et vis-en libre et heureuse pareillement

La censure épargne les corbeaux,
elle tourmente les colombes.

Juvénal, *Satires*

Reine du radium

Honneur ourdou

Maîtresse du destin

Agnelle d'Eubée

Matrice futile

Scarabée étincelant

Cérame opulent

Mite des Titans

Citrine changeante

Princesse des cœurs

Veuve blanche

Montagne sacrée

Première des Pierres Précieuses

Fin tragique de Lady Di

Déc... à l'âge de 84 ans de ... Henri Bourassa

5,000
...accin...

...verte à la POLIO

un tern...
de l'alco...
ette, mais...

Qu'Elle parcoure l'ouche, le jardin ou les trottoirs,
ne récolte que la tendresse des giroflées,
des pivoines ou du macadam.
Maison garnie d'acanthes ou piaule de faubourg,
la fidélité se chauffe du même bois.
Elle voudrait bien ne plus
retrouver au kan les alvéoles de la prison familiale,
ni rester à la cella près du feu
et noircir sur sa tige,
ni faire jouir
sous la menace du couteau, du colt
ni de perdre sa couronne
sous le poids de malversations.
On le sait, la passion d'une princesse oisive
se terminera violemment une nuit de fin d'été.

Elle aime, souhaite, désire
plaire sans être violée derrière les courtines,
cuisiner sans être la servante servile,
vivre de millions de petites joies,
rire de milliers de petites peines,
taire les aléas de son porte-monnaie
et gâter sa progéniture,
placer ses avoirs à la grande bourse du bonheur,
tromper les accents multiples des vigiles,
forcer le débat d'un appel aux vivats,
rioter au soliloque du prône,
moduler sa voix aux refrains du jour.

Elle aspire, rêve de

tailler sa robe dans l'opulence des brocarts,

danser sans voile le rock, le rigodon ou le tango,

crâner aux ravages des saisons,

user de sa canne pour s'offrir d'agréables

transports,

voguer légère sur le tangage des mers du Sud.

Elle abhorre

carburer à la violence des coups d'orbe,

moucher la chiure bourdonnante,

être exposée aux mauvais tours des troupes,

frémir d'angoisse comme l'eau dans la marmite,

se faire larder de rangs de pierres,

souffrir de gelure, d'onglée et d'autre froidure,

amerrir dans le brou usuel du quotidien.

Elle n'aime toujours pas
qu'on lui marque les fesses au poignard,
ni perdre sa virginité sous de féroces braquages,
ni empaler sa peine aux murs des silences,
ou essayer de guérir à l'ambre les maux de ses bébés.

3

**Redonne vie à la jambe humiliée
et ne t'agenouille plus dévotement**

Qu'un vengeur naisse un jour de ma cendre.

Virgile, *Énéide*

Reine du ciel

Étoile pistolet

Arolle flamboyante

Sultane de Zanzibar

Paroxysme de la piété

Libellule éternelle

Extase inaccessible

Éristale excessive

Lazurite d'Isis

Marguerite des princesses

Bleu virginal

Étoile de minuit

Astre du Septième Ciel

Rosace logée au plus haut des cathédrales,
Elle reflète la couleur du temps,
mais l'écho s'arrête à leur tympan.
Montée aux clochetons,
elle attend son ascension au cœur de la voûte
où perce la lumière bleutée d'une jeune galaxie.

Relais sur l'atoll
Avant de retomber dans le pli abyssal.

Longtemps tache de couleur aux verrières des églises,
elle aspire maintenant à la contemplation de la terre
du haut des navettes ou de laboratoires spatiaux.
Elle veut danser avec les planètes
le corps libre de toutes entraves
même s'il lui faut encore tenir
à l'occasion au câble céleste.
N'a-t-elle pas été gardée en laisse
bien longtemps par des cordons de soie ?

Finis les tutus pour les arabesques terrestres,

proche des limbes où l'avaient réservée

les concepteurs de corps sans âme

elle se raille de leurs *abbé-rations*,

vibre aux ondes cosmiques,

se frotte aux étoiles

fredonnant pour elle seule des berceuses.

Sa voix monte comme d'une amphore

et lance au firmament une rumeur discordante.

Est-ce pour se rapprocher des dieux
ou pour trouver l'extase devant un rond de lune,
qu'Il bâtit des cathédrales,
des gratte-ciel,
des stations orbitales ?
Qu'il expédie des sondes sur Saturne, Jupiter ou Mars ?
Est-ce pour percer le mystère des *géants célestes*,
qu'il explore la stratosphère avec satellite, fusée
ou autres engins spatiaux ?

Que vienne l'époque où les radars
dressés en direction d'une nouvelle aire
ratisseront la voûte percée d'inconnues
et permettront la mise en orbite
d'une emprise plus féminine sur le monde.

4

Cristallise la fougue à coups de lancettes et fais souffrir sous le joug longuement

Mon âme tremble d'horreur
à évoquer ces souvenirs.

Virgile, *Énéide*

Reine sanglante

Molène aimante

Motif des soupirs

Dague d'Ormuz

Nana de Niki

Hérisson virulent

Bédane insensée

Culex acharné

Grenat incandescent

Chair à caméra

Aube vermeille

Incendie de Troie

Nacre de l'Empire

Marilyn, 25 années de mystère

Téléphone collé dans une main, café dans l'autre, comment tenir le volant et se concentrer sur la circulation ?

Au chevet de la Somalie,
l'incohérence des galons
sonne le glas des doublures du père.
Tamoul, Kurde, Hutu,
exécutés sous ordres de sinistre caporal
à la culasse trop prompte à dégainer ;
torturés sous la canine de quelques cabots
en mal de sensations fortes.

Et vogue le radeau au fil des forfaits,
le sang à la volée.

Tous ces enfants morts de faim au Biafra,

dévorés par les mouches en Éthiopie

labourés de dysenterie au Bengladesh,

exténués par la marche au Zaïre,

massacrés à coups de machettes au Burundi.

Tous ces enfants,

qui les rendra à leur mère ?

Nouveau zélote à la culture perdue,

pauvre désœuvré Guatemala

qui brase sa violence

comme on érige un nouveau culte.

Quand explose la révolte tenue en fût,
les feux de la guerre éclatent
à l'intérieur de cette boîte de Pandore
qu'est notre boule-terre.
La violence de la déflagration perce les tympans,
dévide ses obus,
immerge la terre d'un lac de sang gris.
La chronicité des haines habite sans trêve
le cœur des belligérants.
Les janissaires, cravache à la main,
se relaient pour marquer le bon peuple
de leur vengeance séculaire.

Dans ce monde de destruction, les plans diaboliques
durent plus longtemps que le carton
sur lequel ils sont conçus.
Au traceret des tortionnaires,
on commence par couper les phalanges,
on lapide, broie, enfin on suspend
aux gibets les corps meurtris
un bandeau sur les yeux :
une personne, qui n'était personne, n'est plus.
L'animalier traite mieux ses bêtes
que les ayatollahs de la vengeance
qui condamnent à la corde leurs fils rebelles,
le péroné maigre comme un pilon,
la patte inerte au bout de son fémur.
L'un châtre le furet
pendant que l'autre châtie à bout portant.

Combien de temps encore verrons-nous
ces colonnes squelettiques
râler au son de leur corps
ou chanceler dans leur froc
en procession l'on ne sait vers quel destin
comme au temps des bûchers chrétiens.
Les raids surviennent trop tôt,
les défenseurs arrivent trop tard.
Comment faire autrement
quand on syndique les gendarmes
à coup de chars de l'année
et quand pleurent les valets ou autres mistigris
sur la rouerie d'un général dictateur fourbe ?

5

Exalte la chasse aux malédictions
ou fais-la échouer volontairement

Le loup attaque de la dent, le taureau des cornes.

Horace, *Satires*

Reine cultivée

Promesse de bonheur

Danse de Pégase

Douceur de Corfou

Tipule dévastatrice

Sauterelle attique

Atoll foudroyé

Chique déconcertante

Émeraude salvatrice

Pucelle d'Orléans

Verte époumonée

Colombe de Suze

Mine de Bienveillance

Avec sobriété, Il lance sa dague.

Ainsi son plan de carrière

suit la filée des sonneurs de glas

jusque dans la fosse des gladiateurs

comme à Trèves.

Sous nos calendes,

il étudie le comportement de la biquette,

rumine la mort du bœuf,

chasse le manteau de fourrure

afin de sauver le règne du champ de foin.

Mais avec l'esprit du bovidé

qui encorne tout sur son passage.

De tout temps on crache sur les délateurs
ce qui n'empêche pas le gredin
d'être suivi à la piste et pris au filet,
quand à l'entrée des tourniquets
le filou fauche au galop
les membres de trop
d'où dépassent les magots.
De tout temps aussi, les porteurs de toge
attisent l'attrait maléfique
qui entraîne la populace autour des potences.

La grande famille musulmane
se revêt de fureur
pour combattre la machine américaine
qui à son tour ouvre la chasse
aux scorpions de harem.

En ces aires de terrorisme,

dans l'intimité de son foyer-atelier,

oasis de plénitude,

loin des bûchers des extrémistes de tout ordre,

de leurs lames dévastatrices,

de leurs pouvoirs usurpés,

des macabres tueries,

Elle s'applique à recréer un monde

où la douceur, la tolérance,

la magnanimité ne seraient pas de vains mots ;

où la puissance de la beauté

remplacerait la violence

des images dites virtuelles.

Où le réveil sur un jour sans cruauté
serait possible.

6

Franchis le barrage du péché originel et donne aux plaisirs ton consentement

> Qui, quoi, où, par quels moyens,
> pourquoi, comment, quand ?
>
> Quintillien

Reine de Saba

Réconfort de Cupidon

Revanche des ovaires

Flamme de Cerigo

Vénus hottentote

Oiseau de paradis

Lunure insoumise

Virus rebelle

Aventurine clinquante

Dame de Beaujeu

Rose d'Irlande

Pierre des chevaliers

Diadème du Sexe

Le projet de célébrer le cinquantième anniversaire de la Confédération du
une exposition internationale et universelle, a été déposé officiellement
Chambre des Communes, hier, par [...]

Le Viagra approu

La Banque
du Canada
est mise
en marche

Une étole glisse sur la rampe du luxe.

Manches de gaze, taille roumaine,

crêpe doux, orlon louche,

vestes griffées du designer à la page,

des jeunes filles aux cous-de-pied cambrés défilent

grimpées sur des tubes rigides

ou des échasses minimales,

à l'étroit comme un col de carafe,

la mine câline ou la nippe désabusée,

chapeautées d'amples paratonnerres,

ceintes de mauvaises plumes et de fausses gemmes,

enroulées dans leurs pompes, poires et perles,

les doigts chromés de simili-strass niellé,

déambulent avec balancement des vertèbres

et du bassin

pour accompagner des styles

plus rococo les uns que les autres,

ou pour exprimer ainsi le flou dans leur accord.

Que dire de cette jeunesse aux vêtements bariolés,
chaussée d'engins fartés qui dévalent rues et pentes
dans un étrange ballet de pirouettes, de glissades
et qui se couvre de rires, de bises, d'étreintes,
avant le coma définitif ?
Leur accoutrement transgresse à coup sûr
les diktats des *gens de robe*.

Il leur reste maintenant
l'attente du festival de la roulette.

Que dire de cette vieillesse
au repos sur son chevalet
qui ne contrôle plus les mauvais plis du patron,
le gras engoncé dans la gaine,
ni ne cache la ride honnie
sous la poudre ou la rivière de diamants
et qui finit par ajuster son faciès au nez rêvé,
avec la gaieté d'une diva d'opéra ?

Au chevet de la mode,
comme à la clicherie de l'univers dada,
que faire de l'art des rapin(e) s avant-gardistes,
nouvelles sorcières aux expressions
déroutantes dans leur audace,
fioul au moteur des passions,
malgré la simplicité du thème
et son attirance pour la bête.
Ils s'affirment tempête de lyres
sous les soieries multicolores.

Poule dandy (Bendey) échappée d'un abattoir de Padoue,
ara brésilien volé aux forêts amazoniennes,
tigresse africaine sortie de la savane du Kenya,
corps de femme à peine vêtu
de pierreries, plumes, colifichets,
résilles, corsets de plastique transparent
ou de lamelles de métal.

Il fut un temps pour ressembler à la statuaire grecque,
un temps pour porter les coffres aux trésors de nos maîtres,
un temps pour servir de monnaie d'achat,
un temps pour succomber aux faiseurs d'image.

Il est temps de se reconnaître
comme femme libre,
sur la route de soi.

7

Expulse par le chas la pelote chagrine ou entretiens son dévidage sciemment

En bouche close, jamais n'entrera mouche.

Proverbe italien

Reine du foyer

Ombrine savoureuse

Hase défaitiste

Poivre d'Amboine

Place assiégée

Colombe sacrifiée

Pietà inconsolée

Aselle malfaisant

Galène de radio

Patronne des filles

Sœur grise

Apothéose d'Auguste

Couronne de Continence

Comme une icône sertie de dorures,

rubis sur l'ongle, le bassin chargé de pierres,

Elle crie au vent sa désespérance.

Sous la voûte du hijab,

fabrique de corps à louer aux pères,

ante immobile elle demeure au poste,

gardienne du foyer ;

à la dérive des sables

elle ne court plus l'herbe quotidienne

mais chasse les grains dessous la porte.

La laine court sur les broches, finira brassière, cardigan.

Au crochet la ficelle pend en chaînes, cordes, brides.

Une longue tresse de bulbes d'ail

s'allonge au bout des doigts.

La crêpe dore sur la plaque chaude.

Le pain cuit au four.

L'urne perchée sur la tête,

l'enfant attaché à la hanche elle abreuve la famille.

Sans relâche,

les doigts sur le tissage, les pieds sur la pédale,

la bobine déroule son fil infernal

jusqu'à trépas.

Y aura-t-il une tombe pour chacune d'elles ?

Sous le pan lamé, esclave,
elle erre du pharaon au client
avec les mêmes huiles parfumées.
Termite à l'intérieur des rideaux,
elle se ronge ongles et bouche
jusqu'à ce que tombent poussières de mots.

À la sortie des couettes, le réveil se révèle difficile
pour la vassale détentrice d'un pouvoir falsifié,
autant dire sans pouvoir effectif,
son effigie foulée au pied,
falourde impuissante,
devant le foyer elle erre sur sa natte,
brosse les sandales, fait briller les cuivres.
Le plus souvent, l'échine allongée
sous le poids du souverain.

Dans l'incohérence du bonheur
tournoient les promesses de la harpe.
Le drame de Bizet rimera encore avec malheur.
Comme des aptères dans la ruche,
midi ou minuit elle souffle sur les braises,
souffre en silence.
Partout le même disque tourne avec cette terre de feu.
Parfois du fond des foyers grondent les balais du sabbat.

Mais saurait-elle l'art de tricoter une révolution
sans se faire asséner une raclée papale
pour ses tentatives d'évangélisation féministe ?

Perle à l'intérieur des pliures de la trappe noire,
enchaînée à la culture de ses vertus,
elle aspire à tromper les ordres venus du ciel
et imposés par l'ayatollah
grand maître des esprits à purifier.
La vue de sa peau nacrée frappe les hommes,
paraît-il,
d'un désir aveugle,
plus souvent haineux sous leurs manteaux
blancs, bleus ou noirs.
N'est pas sultane qui le veut
aux pays des *mounaqabates.*
Le voile rabattu sur les yeux,
grandes ombres muettes,
vous ne pouvez qu'attendre de l'extérieur
la *libre circulation,* les paroles de la liberté.
Difficile d'entendre la corne
à travers l'épaisseur des brumes tumultueuses,
difficile de comprendre les messages
quand explosent les grenades,
difficile de traverser les ponts
quand vous attend la batte de péage.

t

8

Palpe les pulsions prisonnières de la dignité en ne le laissant paraître aucunement

La blessure vit au fond du cœur.

Virgile, *Énéide*

Reine des pécheurs

Tige souveraine

Ambréine bouleversante

Dragon de Komodo

Pont d'amour

Malines opulentes

Maie jouissive

Méduse irrésistible

Tourmaline de Ceylan

Reine du music-hall

Brune économe

Côte de Bretagne

Maîtresse de lieux pieux

Potier aux mains agiles,

au feu des vibrations,

Il laisse couler des larmes de corail.

Il ponce le dard, aiguise la lame, fourbit ses armes.

Le pouce sur la tempe,

le médius sur la gâchette

ou le sexe érigé comme un colt,

il met en joue l'univers

pour satisfaire des plaisirs sadiques

prêt à fendre au couteau un rai de lune.

Stéréomètre des cœurs ou paparazzi,
il va le calepin à la main,
la caméra en visière, recenser, mesurer,
colporter la souffrance des idoles,
parfois jusqu'à leur dernier râle,
pour la donner en pâture aux voyeurs sans nom.
Plus la cohue est forte, plus le succès est assuré
pour ces gladiateurs des temps modernes.

Icare aux pantoufles cirées,

il vole d'image en image,

rivé à son écran cathodique.

Maintenir ses braies lui donne une bonne raison

pour laisser ses épouses courir la savane

à la recherche d'eau ou d'un peu de bois.

Pendant ce temps, il berce ses certitudes,

dos au baobab ou étendu dans son hamac.

Il pratique l'art de vivre à la loupe

et cherche poux et noises

aux agissements de ses contemporaines.

Taliban, il nivelle les sèves, rogne les élytres,
arrondit les angles afin de conserver le troupeau,
peuple à la liberté bafouée, sous son joug.
Il recouvre les pleurs d'une immense étole de terreur.
Touareg il lui faut maintenant agrandir sa piste.
Le dromadaire ne sera bientôt qu'un rêve.
Comment se couvrir du pelage de la brebis
quand les prairies sont ensablées ?
Ou de la peau de phoque
quand la foudre des écologistes s'abat sur le chasseur ?
Ou du poil de la vache
quand certains pleurent mondialement
sur leur souffrance ?
Accolade de vieux boucs
qui temporisent la marge de leur profit.
Gros bœufs séniles,
nababs vêtus de richesse criarde,
tous s'unissent dans un même souci d'étager la misère.

Si peu d'écus européens
pour soulager la misère des Algériens
ou des Yougoslaves.
Combien de dollars américains pour annuler
la montée socialisante des populations
du Honduras, Chili et Nicaragua.

Toujours les cartels d'écus européens
ou de dollars américains
briseront les traités et l'équilibre fragile des nations.
Et toujours, de nouveaux rois, de nouveaux caïds
déroberont son trésor à une nation effrayée.

9

**Crée une voie sonore à travers pierres et forêts
et parcours à grandes foulées cette route seulement**

Les muses aiment les chants alternés.

Virgile, *Églogues*

Reine du thriller

Taret de chaire

Ondine attentive

Biche d'Anticosti

Désir insatiable

Bélier opiniâtre

Star du Buto

Ammophile clairvoyante

Cornaline bavarde

Femme de lettres

Pourpre royale

Reine des perles

Pleine Lune parmi les Étoiles

Création du premier clone de mammifère adulte

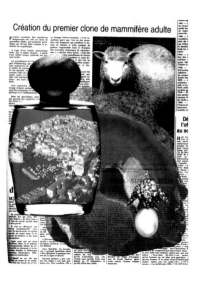

Lui, lutrin de dur frêne,
Il supporte la Bible ou son église
telle une colonne dorique.
Depuis l'ambon, rigide sur son socle
comme l'angelot dans sa stalle,
il prêche à qui ne veut plus l'entendre
jusqu'au cœur de la trace où pâlit le fusain.
Autrefois maître du destin des âmes,
le prédicateur, avec un accent farouche,
du haut des affirmations de la chaire,
ne suscite plus la crainte de Dieu.
Les réprimandes du prieur résonnent
de moins en moins sous les voûtes abbatiales.
Mais Seigneur Dieu, il bénit encore
avec soin les bonnets des régents.

Au temps où l'habit faisait le primat,
on gelait l'oralité au ras de la langue.
Aujourd'hui, l'instruction a farté les bouches
pour mieux laisser glisser
le déroulage des vantardises,
des bêtises aussi.
Comme la pie ou la corneille,
on essaie de huer son récit
aux portes des nouveaux temples de la renommée
ou de faufiler sa rancune
au mètre des punitions.

Tout le monde cherche tout le monde :
l'écrivain son lecteur,
le rédacteur son public,
le comédien son spectateur,
le médecin son patient.
On appelle le tam-tam,
on bat le tambour,
on rappellera toujours
l'autre à la rescousse.
Et vont et viennent les soldats
et laissent les cœurs
comme des lais de calanque.

Le juge siège,

la chaise change de membre,

la leçon commande l'examen.

Le typographe trie les caractères,

le maquettiste met en place le sens,

l'imprimeur encadre la lettre (parfois fêlée),

l'auteur étreint son livre,

le critique éreinte le thème,

le lecteur marque la page.

Un tâcheron pleure

un manuscrit égaré.

Les rédactions restent coites

sur le sort des mal nantis.

Mais un crime sur la page blanche
est-il moins catastrophique
que le même crime sur peau
qu'elle soit blanche, rouge, jaune ou noire ?

10

**Gueule en toutes langues le doute impérial
et ne te laisse pas dévorer injustement**

Je le veux, je l'ordonne,
que ma volonté tienne lieu de raison.

Juvénal, *Satires*

Reine scélérate

Fureur d'Artémis

Harpie médiatisée

Maffieuse Corse

Faucon empereur

Velcro hermétique

Machann-ti-panié

Bacille révolté

Diamant de malheur

Sémiramis du Nord

Impérialiste jaune

Grande Étoile d'Afrique

Souveraine régnante

Sous le baobab, l'olivier ou l'orme,
Il apprivoise la bête,
oublie le feu au poing
et l'encens des messes.
Il délaisse cure, chasse, tarière;
psalmodie Bible, Torah, Coran
ou finit démembré,
cendres et sang en pleine terre.
Fort de ses lectures sérieuses,
il use de sa supériorité de *personne de lettres*
pour soumettre sa sœur analphabète.
Chacun a son titre pour imposer la fatwa,
répandre la bonne nouvelle,
exécuter les ordres,
exterminer la vermine incroyante.
Un tas de paroles acerbes
épaule la geste belliqueuse.
Les petits aussi apprennent bien
leurs leçons à l'école des baffes.
Et les petites, doublement,
qui écopent soit du fouet, soit du balai.

Bûcheron de pays sans frontières,
aveugle, la veine nerveuse,
il conduit son fardier
à travers les sentes étroites de l'univers.
Il n'abandonne plus au juge de la propreté
ses chaussons sales du goudron
de la malveillance des patrons.

La luge vide, sur sa terre de Baffin,
l'Esquimau n'entend plus les cervidés bramer.
L'Inuk parcourt la toundra sous le vacarme
de sa monture motorisée.
Le *saigneur* de l'Amazonie ne sue plus
sur sa récolte de latex.
L'Indien du Pérou qu'on déleste
de son champ de pavots
agonise la paume sur la crosse.
Le bateau ancré dans une dune de varech,
le pêcheur des îles ne se bat plus contre les vagues.
Le bateleur redoute la marée basse.

Le planeur accroche l'équerre.

Mais en colonnes, les jars armés relèvent
les redans de l'oued,
assoiffés de vengeance.
Ils saccagent d'aise les quartiers honnis
égorgent l'ouvreuse
des chants de la réconciliation.

Scribe du temps présent il creuse l'Histoire
afin d'extraire d'un idiome une langue nouvelle.
Il laboure sans fausses notes, pense-t-il,
le champ dorien de sa poitrine.
À l'étude des chiffres domptés,
cadre jovial,
il mugit à travers le politique correct,
un accord nickelé entre les paumes.

Chut,
elle va beugler son argot
et lui,
roter son mépris.

Notes générales

1. Les citations des pages titres (commandements) sont tirés des pages roses (Locutions latines et étrangères) du *Nouveau Petit Larousse illustré*, sous la direction de Claude et Paul Augé, Paris, 1924, mais imprimé au Canada par la Librairie Beauchemin limitée.

2. Des pages de *La Presse, 100 ans d'actualité, 1900-2000*, Montréal, 1999, ont servi de toile de fond au collage des illustrations.

3. Pierres et bijoux (images et textes) ont été trouvés dans *Minéraux et pierres de collection*, *Les gemmes*, *La joaillerie*, *Les minéraux* ou *Lexique*, éditions Atlas.

4. Les bouteilles proviennent des annonces publicitaires produites par les parfumeurs.

Notes

UN

Noir : mort, deuil, destruction, hiver, douleur.

Litanies :

1. Marie de Médicis.

6. Corneille : mauvais augure, représente le principe yang ; une plume peut annoncer la mort.

8. Nèpe : punaise d'eau.

9. Obsidienne : souveraine contre les cauchemars, elle aide à cicatriser les plaies.

10. Mère Teresa.

12. Rubis du Prince Noir : bijou célèbre (spinelle).

13. Titre donné à la Sultane Validé au harem de Constantinople.

*. p. 16 : du nom des mangeurs de haschisch, les haschischins.

Dessin 1.

VILLE : Belgrade (a une histoire mouvementée).

PIERRE : plaque polie d'obsidienne neige originaire de San Cristobal (Mexique).

BIJOU : Couronne britannique ornée du superbe spinelle Rubis du Prince Noir ; (le rubis : pierre du mois de juillet).

DEUX

Blanc : pureté, perfection, absolu,
trêve, mariage ou deuil.

Litanies :

1. Marie Curie.
6. Scarabée : porte-bonheur, course du soleil dans le ciel.
7. Cérame : vase grec.
9. Citrine : (topaze : pierre du mois de novembre).
10. Princesse Diana.
I I. Souvent la « veuve blanche » (vêtue de blanc) en Indes est maltraitée.
I 2. Montagne sacrée : bijou célèbre en jadéite ; jade : pierre de la hanche, pureté, perfection, immortalité, vertus fondamentales.
I 3. Titre donné à la Sultane Validé au harem de Constantinople.

Dessin 2.

VILLE : Varsovie, complètement reconstruite dans son style d'origine : Renaissance et Baroque.

PIERRE : vase de jadéite habilement sculptée.

BIJOU : collier de citrines serties dans un filigrane d'or.

TROIS

Bleu : ciel, eau, réflexion, l'infini, sérénité.

Litanies :

1. Vierge Marie.
3. Arolle : pin.
6. Libellule : représente l'immortalité et le pouvoir de régénération. En Chine, elle est symbole de l'été ; pour les Amérindiens : illusion, vitesse et activité.
8. Éristale : abeille.
9. Lazurite ; le lapis-lazuli servait de colorant de base pour le bleu outremer au Moyen Âge et à la Renaissance. En Égypte, la pierre était liée au culte de la déesse Isis et employée pour la fabrication de sceaux.
10. Marguerite d'Angoulême (nouvelles et poésie).
12. Étoile de minuit : bijou célèbre.
13. Titre donné à la Sultane Validé au harem de Constantinople.

Dessin 3.

VILLE : Kiev : premier foyer chrétien de la Russie.

PIERRE : lapis-lazuli où la présence de lazurite est évidente.

SAPHIR : « la plus belle chose », pierre céleste, emblème du divin et symbole de l'immortalité, espoir, destinée, sagesse, guérit la mélancolie et les maux de tête ! Chasteté, sobriété. Saphir : pierre du mois de septembre après J.-C. et du mois d'avril avant J.-C.

BIJOU : Cartier, saphir de 337,66 carats.

QUATRE
Rouge : vie, sang, passion, guerre,
danger, mariage en Asie.

Litanies :
1. Marie Tudor ou Marie la Catholique.
5. Sculpture de Niki de Saint-Phalle.
6. Hérisson : lié au diable et au mal, parfois synonyme de sorcellerie car on prétendait que les sorciers se transformaient en hérissons pour téter le pis des vaches.
7. Bédane : burin.
8. Culex : cousin, maringouin.
9. Grenat : feu, charbons incandescents, « tombé des iris des yeux de Satan », fortifie la vue (pierre du mois de janvier).
10. Marilyn Monroe.
12. Incendie de Troie : bijou célèbre : (opale rouge : pouvoir romain, fidélité, prière, ferveur) religieuse, réputation de brouiller la vue, « la pierre des opticiens » (pierre d'octobre).
13. Titre donné à la Sultane Validé au harem de Constantinople.

Dessin 4.
Ville : Bucarest, ville transformée depuis le passage de Ceauçescu.
Pierre : grenat.
Bijou : opale de Hongrie.

CINQ

*Vert : printemps, espoir, joie,
islamisme, lutte écologique.*

Litanies :

1. Marie Stuart.

6. Sauterelle : par son appétit vorace et sa capacité de dévaster de grandes étendues de végétation, elle est très souvent associée à la calamité, à la destruction et à l'avidité, image du fléau dévastateur et du châtiment de Dieu.

7. Attique : finesse raffinement.

8. Chique : pou ou boule.

9. Émeraude : protège des morsures de serpent, fécondité, printemps, guérit les infections de l'œil, rend la vue perçante, symbole de l'espérance, de la vitalité et de la connaissance ésotérique ; augmente la mémoire (pierre du mois de mai).

12. Colombe de Suze : bijou célèbre (lapis-lazuli : pierre des pharaons dédiée au culte de la déesse Isis, fidélité, chasteté).

13. Titre donné à la Sultane Validé au harem de Constantinople.

Dessin 5.

VILLE : Prague ; ville industrielle de style gothique et baroque, mais qui depuis le *printemps de Prague* est aussi symbole de renouveau.

PIERRE : émeraude.

BIJOU : Colombe de Suze.

SIX

Rose : sensualité, chair, plaisir, tendresse.

Litanies :

1. Marie d'Anatolie.

5. Vénus hottentote : jeune femme sud-africaine exhibée à la foire et au Muséum d'histoire naturelle parce qu'elle avait un postérieur très saillant et une hypertrophie des grandes lèvres de la vulve. Sa dépouille vient d'être rendue à l'Afrique du Sud (2002).

6. Oiseau de paradis : on dit que ces oiseaux se nourrissent de rosée et qu'ils gémissent à fendre l'âme si on les retient prisonniers ; ils possèdent de très belles plumes !

7. Lunure : défaut du bois (couleur différente).

10. Anne de France.

12. Pierre des chevaliers, bijou célèbre. Péridot-olivine : protège des démons, chasse la mélancolie, aussi « pierre des voyageurs » (pierre du mois d'août).

13. Titre donné à la Sultane Validé au harem de Constantinople.

Dessin 6.

VILLE : Appenzell ; conquise par les moines de Saint-Gall, manufactures de dentelles et de broderies.

Pierre : cristal de péridot.

BIJOU : pierre taillée d'un péridot provenant de l'île de Zabargad (Égypte).

SEPT

Gris : tristesse, dépression, asservissement.

Litanies :

1. Marie-quatre-poches.
2. Ombrine : poisson.
6. Colombe : symbole de l'esprit, de l'innocence, de la douceur, de la pureté et de la paix, la colombe blanche représente les martyrs chez les chrétiens.
7. Aselle : cloporte d'eau douce.
9. Galène : pierre grise.
10. Patronne des filles : Catherine d'Alexandrie.
12. Apothéose d'Auguste, bijou célèbre (camée).
13. Titre donné à la Sultane Validé au harem de Constantinople.

Dessin 7.

Ville : Cracovie ; centre culturel et industriel (les aciéries) qui a subi plusieurs invasions successives.

Pierre : agrégat massif de galène spathique.

Bijou : camée-coquille en nacre de Syracuse.

HUIT

Brun : terre, humilité, putréfaction.

Litanies :

1. Marie Madeleine.
3. Ambréine : alcool.
4. Eva Perón.
5. Malines : dentelles.
6. Dragon : le lézard représente la mort et la résurrection, porteur de magie, il symbolise la quête de la conscience et évoque la paresse.
7. Maie : huche à pétrir.
9. Tourmaline : symbole de vie et de passion.
10. Murielle Millard.
12. Côte de Bretagne : famille du rubis : communique la passion, protège contre les coups du sort (le rubis est la pierre du mois de juillet).
13. Titre donné à la Sultane Validé au harem de Constantinople.

Dessin 8.

VILLE : Leipzig : centre industriel et de foires depuis le moyen-âge.

PIERRE : spinelle brut du Sri Lanka.

BIJOU : Côte de Bretagne ; spinelle de 212,44 carats date d'Anne de Bretagne, passe par le trésor de Pierre le Grand pour revenir enfin après moult péripéties à Louis XVIII.

NEUF

Pourpre : pouvoir, justice, grandeur, liberté.

Litanies :

1. Mary Higgins Clark.
6. Bélier : incarne la virilité, la force masculine, l'énergie créatrice, mais se retrouve l'animal sacrificiel par excellence.
8. Ammophile clairvoyante : insecte de sable.
9. Cornaline : fait perdre les difficultés d'élocution, donne du courage, protège aussi de la jalousie de tiers et du « mauvais œil ».
10. Christine de Pisan, Mme Récamier....
12. Reine des perles : bijou célèbre (perle des Indes du XVIIIe siècle) : symbole de l'amour dédié à Vénus, don d'éloquence et de recueillement, espérance, sagesse, lumière et immortalité, « larmes des dieux » (associée au mois de juin).
13. Titre donné à la Sultane Validé au harem de Constantinople.

Dessin 9.

VILLE : Dubrovnik ; héritière d'une longue tradition commerciale et culturelle de la Croatie.

PIERRE : nodule de cornaline de l'Iran.

BIJOU : La Régente.

DIX

Jaune : impérialisme, lumière, soleil, or, trahison.

Litanies :

1. Marie-Antoinette.
2. Artémis : déesse de la chasse (Diane chez les Romains).
3. Harpie : chipie furieuse.
6. Faucon : symbole solaire et de la liberté de l'âme, il marque aussi la virilité et la puissance destructrice de la guerre.
7. Machann-ti-panié : commerçantes haïtiennes
9. Diamant : incorruptible, constance, indomptable, invincible, le « suzerain » des pierre nous garde la raison en toutes circonstances, (pierre du mois d'avril).
10. Marguerite de Waldemar (les 3 couronnes).
12. Grande Étoile d'Afrique, bijou célèbre (gros diamant).
13. Titre donné à la Sultane Validé au harem de Constantinople.

Dessin 10.

VILLE : Moscou ; centre d'un empire déchu deux fois.

PIERRE : diamant bleu, « diamant de malheur » : le Hope.

BIJOU : Grande Étoile d'Afrique ou Cullinam I, le plus gros diamant taillé (530,20 carats) (sur le sceptre du Trésor de la Couronne britannique, peut être détaché pour être porté en broche).

« Il me semble d'ailleurs, qu'on ne devrait lire que les livres qui vous mordent et vous piquent. Si le livre que nous lisons ne nous réveille pas d'un bon coup de poing sur le crâne, à quoi bon le lire ? Pour qu'il nous rende heureux, comme tu l'écris ? Mon Dieu, nous serions tout autant heureux si nous n'avions pas de livres, et des livres qui nous rendent heureux, nous pourrions, à la rigueur, les écrire nous-mêmes. En revanche, nous avons besoin de livres qui agissent sur nous comme un malheur dont nous souffririons beaucoup, comme la mort de quelqu'un que nous aimerions plus que nous-mêmes, comme si nous étions proscrits, condamnés à vivre dans des forêts loin de tous les hommes, comme un suicide - un livre doit être la hache qui brise la mer gelée en nous. Voilà ce que je crois. »

Kafka à son ami Oskar Pollak en 1904
Une histoire de la lecture, ALBERTO MANGUEL,
Actes Sud/Leméac, 1998.